Mrs. Lirripers Unterkünfte

Charles Dickens

Writat

Diese Ausgabe erschien im Jahr 2024

ISBN: 9789359946306

Herausgegeben von
Writat
E-Mail: info@writat.com

Inhalt

KAPITEL I
WIE MRS. LIRRIPER FÜHRTE DAS GESCHÄFT WEITER

Wer auch immer anfangen würde, sich Sorgen zu machen, eine Unterkunft zu vermieten, die nicht einer alleinstehenden Frau zusteht, die ihren Lebensunterhalt verdienen kann, ist für mich unvorstellbar, mein Lieber; Entschuldigen Sie die Vertrautheit, aber es kommt mir in meinem eigenen kleinen Zimmer ganz natürlich vor, wenn ich meinen Geist denen öffnen möchte, denen ich vertrauen kann, und ich wäre wirklich dankbar, wenn sie alle Menschen wären, aber das ist nicht so, denn sie haben es getan eine möblierte Rechnung im Fenster und Ihre Uhr auf dem Kaminsims und Abschied davon, wenn Sie auch nur für eine Sekunde den Rücken kehren, wie vornehm die Manieren auch sein mögen; Auch die Zugehörigkeit zum eigenen Geschlecht stellt, wie ich Grund habe, keinen Schutz in Form einer Zuckerzange dar, denn diese Dame (und sie war eine schöne Frau) hat mich auf die Bitte hin dazu gebracht, ein Glas Wasser zu holen Ich würde eingesperrt werden, was sich sicherlich als wahr herausstellte, aber es war im Bahnhofsgebäude.

Nummer 81 Norfolk Street, Strand – auf halbem Weg zwischen der City und St. James's gelegen und nur fünf Gehminuten von den wichtigsten öffentlichen Vergnügungsstätten entfernt – ist meine Adresse. Ich habe dieses Haus viele Jahre lang gemietet, wie die Tarifbücher der Gemeinde bezeugen; und ich wünschte, mein Vermieter wäre sich dieser Tatsache genauso bewusst wie ich selbst; Aber nein, Gott sei Dank, nicht ein halbes Pfund Farbe, um sein Leben zu retten, und auch nicht so viel, meine Liebe, wie ein Ziegel auf dem Dach, wenn auch auf deinen gebeugten Knien.

Meine Liebe, Sie haben noch nie die Nummer 81 Norfolk Street Strand gefunden, die in Bradshaws *Eisenbahnführer aufgeführt ist* , und mit dem Segen des Himmels werden Sie sie auch nie finden. Manche halten es für nicht erniedrigend, ihren Namen so billig zu machen, und selbst wenn sie ein Porträt des Hauses machen, mögen sie es nicht, mit einem Fleck in jedem Fenster und einer Kutsche und vier an der Tür, aber was wird passen? Wozenhams weiter unten auf der anderen Seite des Weges wird mir nicht gefallen, da Miss Wozenham ihre Meinung hat und ich meine, wenn es jedoch um systematische Unterbietungen geht, die vor einem Gericht unter Eid bewiesen werden können und die Form von „Wenn Mrs. Lirriper nennt achtzehn Schilling pro Woche, ich nenne fünfzehn und sechs", dann kommt es zu einer Einigung zwischen Ihnen und Ihrem Gewissen, indem Sie der Argumentation halber annehmen, dass Ihr Name Wozenham ist , was, wie ich weiß, nicht mein Name ist Die Meinung über Sie würde erheblich sinken, und was luftige Schlafzimmer und einen ständig anwesenden Nachtportier betrifft, gilt: Je weniger man sagt, desto besser, da die Schlafzimmer stickig sind und der Portierkram herrscht.

Es ist vierzig Jahre her, seit ich und mein armer Lirriper im St. Clement's Danes geheiratet haben, wo ich jetzt in einer sehr angenehmen Kirchenbank in vornehmer Gesellschaft und mit meinem eigenen Stuhl sitze und eine Vorliebe dafür habe, dass der Abendgottesdienst nicht zu voll ist. Mein armer Lirriper war ein gutaussehender Mann mit strahlenden Augen und einer Stimme, die so sanft war wie ein Musikinstrument aus Honig und Stahl, aber er war schon immer ein freilebiger Mensch in der kommerziellen Reisebranche gewesen und reiste, wie er es nannte Kalkofenstraße – „eine trockene Straße, Emma, meine Liebe", sagt mein armer Lirriper zu mir, „wo ich den Staub mit dem einen oder anderen Getränk den ganzen Tag und die halbe Nacht hinlegen muss, und es ermüdet mich, Emma" – und das Das hat dazu geführt, dass er durch eine ganze Strecke gerannt ist und vielleicht auch durch die Autobahn gerannt ist, als dieses schreckliche Pferd, das keinen einzigen Augenblick stillstehen würde, losfuhr, wenn es nicht Nacht und das Tor geschlossen gewesen wäre, und folglich sein Steuer übernommen hat, mein armer Lirriper und der Gig zerschmetterte in Atome und sprach danach kein Wort mehr. Er war eine hübsche Gestalt von einem Mann, ein Mann mit einem fröhlichen Herzen und einem sanften Temperament; aber wenn sie aufgetaucht wären, hätten sie einem nie die Sanftheit seiner Stimme vermitteln können, und tatsächlich halte ich es für allgemeingültig, dass Fotografien an Sanftheit mangeln und einen wie ein frisch gepflügtes Feld aussehen lassen.

Mein armer Lirriper war mit der Welt im Rückstand und wurde in der Hatfield-Kirche in Hertfordshire begraben, nicht weil es sein Heimatort war, sondern weil er eine Vorliebe für das Salisbury Arms hatte, wo wir an unserem Hochzeitstag waren und zwei Wochen so glücklich verbrachten wie eh und je Glücklich war, ging ich zu den Gläubigern und sagte: „Meine Herren, ich bin mir der Tatsache bewusst, dass ich nicht für die Schulden meines verstorbenen Mannes verantwortlich bin, aber ich möchte sie begleichen, denn ich bin seine rechtmäßige Ehefrau und sein guter Name liegt mir am Herzen." . Ich gehe geschäftlich in die Unterkunft, meine Herren, und wenn es mir gut geht, soll jeder Penner, den mein verstorbener Mann schuldete, für die Liebe, die ich ihm entgegenbrachte, durch diese rechte Hand bezahlt werden." Es hat lange gedauert, aber es war fertig, und das silberne Sahnekännchen, das zwischen uns und dem Bett und der Matratze in meinem Zimmer oben steht (sonst hätte es so sicher wie immer Beine gefunden), war die Rechnung für die Möblierung fällig) von den Herren mit der Aufschrift „Mrs. Lirriper ein Zeichen dankbaren Respekts für ihr ehrenhaftes Verhalten" überreicht wurde, gab mir eine Wendung, die für meine Gefühle zu viel war, bis Mr. Betley , der zu dieser Zeit die Salons besaß und seine Witze liebte, sagte „Machen Sie Mut, Frau Lirriper , Sie sollten das Gefühl haben, dass es nur Ihre Taufe war und es Ihre Paten und Patinnen waren, die Ihnen das Versprechen gegeben haben." Und es brachte mich wieder zu sich, und es macht mir nichts aus, dir zu gestehen, meine Liebe, dass ich dann ein Sandwich und einen Tropfen Sherry in einen kleinen Korb legte, zum Hatfield-Kirchhof vor der Kutsche ging, meine Hand küsste und sie hinlegte mit einer Art stolzer und anschwellender Liebe am Grab meines Mannes, obwohl es, Gott sei Dank, so lange gedauert hatte, seinen Namen reinzuwaschen, dass mein Ehering ganz fein und glatt getragen wurde, als ich ihn auf das grüne, grüne, wogende Gras legte.

Ich bin jetzt eine alte Frau und mein gutes Aussehen ist dahin, aber das bin ich, meine Liebe, über dem Tellerwärmer und bedenke, wie damals, als man zwei Guineen für Elfenbein bezahlte und die Chance nutzte, so ziemlich das, was dabei herauskam, was gemacht wurde Du hast sehr darauf geachtet, wie du es hinterher liegen gelassen hast, denn die Leute wurden so rot und unbehaglich, weil sie meistens vermuteten, dass es sich um jemand ganz anderen handelte, und es gab einmal eine bestimmte Person, die ihr Geld in ein Hopfengeschäft gesteckt hatte, das eines Morgens kam, um zu bezahlen Seine Miete und sein Respekt vor dem zweiten Stock hätten es von seinem Haken genommen und in seine Brusttasche gesteckt – du verstehst, mein Lieber – für das L, sagt er über das Original –, nur war in *seiner* Stimme keine Sanftheit und ich würde ihn nicht zulassen, aber seine Meinung dazu können Sie daraus ersehen, wie er dazu sagte: „Sprich mit mir, Emma!" Das war zweifellos alles andere als eine rationale Beobachtung, aber dennoch eine Hommage an die Ähnlichkeit, und ich glaube, es ging *mir* ähnlich, als ich jung war und diese Art von Stäben trug.

Aber es ging um die Unterkünfte, die ich vorhalten wollte, und auf jeden Fall sollte ich etwas über das Geschäft wissen, da ich schon so lange dabei war, denn zu Beginn des zweiten Jahres meiner Ehe verlor ich meinen armen Lirriper und mich wurde direkt danach in Islington gegründet und kam später hierher, bestehend aus zwei Häusern und achtunddreißig Jahren und einigen Verlusten und einer Menge Erfahrung.

Mädchen sind deine erste Prüfung nach Terminvereinbarungen und sie stellen dich sogar noch schlimmer auf die Probe als das, was ich die wandernden Christen nenne, aber warum sollten *sie* auf der Suche nach Rechnungen durch die Welt streifen und dann hereinkommen, sich die Wohnungen ansehen und sich an Konditionen klammern und sie überhaupt nicht wollen oder? Der Traum, sie einzunehmen, wenn sie bereits bereitgestellt sind, ist ein Rätsel, für dessen Erklärung ich dankbar wäre, wenn es durch ein Wunder möglich wäre. Es ist wunderbar, dass sie so lange leben und so gut damit gedeihen, aber ich nehme an, die Übung macht es gesund, so viel zu klopfen und den ganzen Tag von Haus zu Haus und die Treppen hoch und runter zu gehen, und dann ist ihr Vorgeben, so wählerisch und pünktlich zu sein, ein Problem Das Erstaunlichste war, dass sie auf ihre Uhren blickten und sagten: „Könnten Sie mir die Zimmerverweigerung bis zwanzig Minuten nach elf übermorgen am Vormittag erteilen, und wenn mein Freund vom Land dies für wesentlich hält, könnte dies der Fall sein." Soll es ein kleines eisernes Bettgestell sein, das in dem kleinen Zimmer auf der Treppe aufgestellt ist?" Warum, als ich neu darin war, mein Lieber, habe ich immer darüber nachgedacht, bevor ich versprochen habe, und mich mit Berechnungen beschäftigt und mich durch Enttäuschungen ziemlich ermüdet gemacht habe, aber jetzt sage ich „Auf jeden Fall", wohlwissend, dass es sich um einen wandernden Christen handelt Ich werde nichts mehr davon hören, denn inzwischen kenne ich die meisten Wanderchristen vom Sehen so gut wie sie mich, da es die Gewohnheit jedes Einzelnen ist, etwa zweimal im Jahr in dieser Eigenschaft durch London zu kreisen und wiederzukommen Es ist sehr bemerkenswert, dass es in Familien vorkommt und die Kinder damit aufwachsen, aber selbst wenn es anders wäre, würde ich kaum von dem Freund vom Land hören, der ein sicheres Zeichen ist, als ich nicken und mir sagen würde: Du bist ein Wanderer Christian, ob es sich jedoch (wie ich gehört *habe*) um Personen mit kleinem Vermögen handelt, die eine Vorliebe für regelmäßige Beschäftigung und häufigen Ortswechsel haben, kann ich Ihnen nicht sagen.

Mädchen sind, wie ich bereits zu bemerken begann, eines deiner ersten und bleibenden Probleme, denn sie sind wie deine Zähne, die mit Krämpfen beginnen und nie aufhören, dich zu quälen, von dem Moment an, in dem du sie schneidest, bis sie dich schneiden, und dann willst du dich nicht mehr trennen Das scheint schwer zu sein, aber wir müssen alle nachgeben oder künstlich kaufen, und selbst wenn man in neun von zehn Fällen ein Testament bekommt, bekommt man ein schmutziges Gesicht, und Mieter mögen es natürlich nicht, wenn eine gute Gesellschaft mit einer Verleumdung dargestellt wird von Schwarz auf der Nase oder einer verschmierten Augenbraue. Wo sie das Schwarze aufsammeln, ist ein Rätsel, das ich nicht lösen kann, wie im Fall des willigsten Mädchens, das jemals in ein halb verhungertes armes Ding kam, ein Mädchen, das so willig war, dass ich sie Willige Sophy nannte, die sich früh auf die Knie schrubbt und schrubbt spät und immer fröhlich, aber immer lächelnd und mit schwarzem Gesicht. Und ich sage zu Sophy: „Nun, Sophy, mein gutes Mädchen, habe einen normalen Tag für deine Öfen und halte die Breite des Airy zwischen dir und der Schwärzung und streiche deine Haare nicht mit den Böden der Kochtöpfe und mische dich nicht mit dem Schnupftabak um." von den Kerzen und es liegt auf der Hand, dass es nicht mehr sein kann", und doch war es da und immer auf ihrer Nase, die sich damit zu rühmen schien, als sie nach oben blickte und am Ende breit war, und bei einem zuverlässigen Gentleman und ausgezeichneten Untermieter eine Warnung hervorrief Frühstück pro Woche, aber ein wenig gereizt und Nutzung eines Wohnzimmers bei Bedarf, seine Worte waren: „Mrs. Lirriper, ich bin an dem Punkt angelangt, an dem ich zugeben muss, dass der Schwarze ein Mann und ein Bruder ist, aber nur in einer natürlichen Form und wenn man davon nicht loskommen kann." Also habe ich die arme Sophy mit anderen Arbeiten beauftragt und ihr unter keinen Umständen verboten, an die Tür zu gehen oder auf eine Klingel zu antworten, aber sie war leider so willens, dass nichts sie davon abhalten konnte, die Küchentreppe hinaufzufliegen, wenn eine Glocke klingelte. Ich habe es ihr gesagt: „O Sophy Sophy, um Himmels willen, wo kommt es her?" Darauf antwortete dieser arme, unglückliche, willige Sterbliche, der in Tränen ausbrach, als er mich so verärgert sah: „Ich habe viel Schwarz in mich aufgenommen, Ma'am, als ich ein kleines Kind war, das sehr vernachlässigt wurde, und ich denke, es muss sein, damit es klappt. „Damit das arme Ding weiter funktioniert und ich keinen weiteren Fehler an ihr finden kann, sage ich: „Sophy, was hältst du im Ernst davon, dass ich dir nach New South Wales helfe, wo es vielleicht nicht auffällt?" Ich habe das gut angelegte Geld auch nie bereut, denn sie heiratete auf der Reise den Schiffskoch (selbst ein Mulotter) und es ging ihr gut und sie lebte glücklich, und soweit ich gehört habe, wurde es in einem neuen Zustand der Gesellschaft *nicht bemerkt* bis zu ihrem Todestag.

Auf welche Weise Miss Wozenham weiter unten auf der anderen Seite des Weges es mit ihren Gefühlen als Dame (was sie nicht ist) in Einklang brachte, Mary Anne Perkinsop aus meinen Diensten zu locken, weiß ich am besten selbst und weiß es auch nicht Ich möchte wissen, wie bei Wozenham zu irgendeinem Punkt die Meinung gebildet wird . Aber Mary Anne Perkinsop , obwohl ich mich ihr gegenüber gut benahm und sie sich mir gegenüber unansehnlich benahm, war als überhebliche Untermieterin Gold wert, ohne sie zu vertreiben, denn die Untermieter würden bei Mary Anne weitaus sparsamer mit ihren Glocken umgehen, als ich es jemals erwartet hätte mit der Magd oder der Herrin, was ein großer Triumph ist, besonders wenn sie mit einem Gipsabdruck und einer Tüte Knochen einhergeht, aber es war die Beständigkeit, mit der sie mit ihnen umging, nachdem ihr Vater beim Schweinefleisch versagt hatte. Es war Mary Annes respektables Aussehen und ihr strenger Geist, die den Tee und Zucker liebenden Herrn (denn er wog sie beide jeden Morgen auf einer Waage) überzeugte, mit dem ich je zu tun hatte, und nein Das Lamm wurde sanftmütiger, doch später fiel mir auf, dass Miss Wozenham zufällig vorbeikam und sah, wie Mary Anne die Milch eines Milchmanns aufnahm, der mit rosigem Gesicht (ich glaube nicht, dass er schlechter war) jedes Mädchen in der Gegend freigab Straße, war aber ziemlich zugefroren wie die Statue in Charing-Cross neben ihr, erkannte den Wert von Mary Anne im Beherbergungsgeschäft und stieg um bis zu ein

Pfund pro Viertel mehr, woraufhin Mary Anne ohne ein Wort zwischen uns sagt: „Wenn Sie dafür sorgen werden." „In einem Monat habe ich bereits das Gleiche getan, Mrs. Lirriper ", was mich verletzte, und ich sagte es, und dann verletzte sie mich noch mehr, indem sie andeutete, dass ihr Vater sie wegen ihres Scheiterns in der Schweinefleischbranche dazu angehalten hatte.

Meine Liebe, ich versichere Ihnen, es ist eine belästigende Sache, zu wissen, welcher Art von Mädchen man den Vorzug geben soll, denn wenn sie lebhaft sind, werden sie von den Beinen gerissen , und wenn sie träge sind, leiden Sie selbst unter Beschwerden und wenn sie Sie haben funkelnde Augen und werden mit ihnen geliebt, und wenn sie klug in ihrer Person sind, probieren sie die Hauben Ihrer Untermieter an, und wenn sie musikalisch sind, fordere ich Sie auf, sie von Musikkapellen und Orgeln fernzuhalten, und lassen Sie jeden Unterschied zu, den Sie wollen Ihre Köpfe werden trotzdem immer aus dem Fenster sein. Und was die Herren an Mädchen mögen, das mögen die Damen nicht, nämlich fruchtbares heißes Wasser für alle Parteien, und dann gibt es noch Temperament, obwohl ich hoffe, dass es nicht oft zu einem Temperament wie Caroline Maxey kommt. Ein gutaussehendes, schwarzäugiges Mädchen war Caroline und ein hübsch gemachtes Mädchen, das auf Ihre Kosten kam, als sie ausbrach und herumalberte, wie es zuerst und zuletzt durch ein frisch verheiratetes Paar geschah, das im ersten Stock nach London kam und sich London ansah Die Dame war sehr high und ihr *gefiel* angeblich das gute Aussehen von Caroline nicht, weil sie selbst nichts übrig hatte, aber sie versuchte es trotzdem mit Caroline, obwohl das keine Entschuldigung war. Eines Nachmittags kommt Caroline errötet und strahlend in die Küche und sagt zu mir: „Mrs. „Lirriper, diese Frau im ersten hat mich bis zur Unerträglichkeit verärgert", sage ich „Caroline, behalte deine Beherrschung", sagt Caroline mit einem gerinnenden Lachen. „Behalte deine Beherrschung? Sie haben Recht, Frau Lirriper , also werde ich es tun. Groß D ihr!" platzt es aus Caroline (Sie hätten mich mit einer Feder in die Mitte der Erde geschlagen, als sie das sagte) „Ich werde ihr einen Hauch von der Beherrschung geben, die *ich* behalte!" Caroline lässt sich mit ihren Haaren nieder, meine Liebe, kreischt und stürmt die Treppe hinauf. Ich folge ihr, so schnell meine zitternden Beine mich tragen konnten, aber bevor ich ins Zimmer kam, schleppten sich das Tischtuch und das rosa-weiße Service auf den Tisch Krachend stürzte er auf den Boden und das frisch verheiratete Paar auf dem Rücken im Feuerrost , er mit Schaufel und Zange und einer Schüssel Gurke über sich und Gott sei Dank war es Sommer. „Caroline", sage ich, „sei ruhig", aber sie nimmt meine Mütze ab und zerreißt sie mit den Zähnen, als sie an mir vorbeigeht Sie legte ihren Hinterkopf auf den Teppich und brüllte ständig. Polizisten rannten die Straße hinunter, und Wozenhams Fenster (ich konnte mich urteilen, wie ich mich fühlte, als ich es erfuhr) wurden hochgeworfen, und Miss Wozenham rief mit Krokodilstränen vom Balkon aus: „Es ist Mrs. Lirriper. " Ich habe jemanden bis zum Wahnsinn überfordert – sie wird ermordet – das habe ich immer gedacht – Pleeseman, rette sie!" Meine lieben vier von ihnen und Caroline hinter der Chiffoniere, die mit dem Schürhaken angreifen und, wenn sie entwaffnet sind, mit ihren Doppelfäusten um Preise kämpfen, und ab und auf und auf und ab und schrecklich! Aber ich konnte es nicht ertragen, zu sehen, wie das arme junge Geschöpf unsanft behandelt und ihr die Haare zerrissen wurden, als sie die Oberhand gewannen, und ich sagte: „Meine Herren Polizisten, beten Sie, denken Sie daran, dass ihr Geschlecht das Geschlecht Ihrer Mütter und Schwestern und Ihrer Liebsten ist, und Gott segne sie und dich!" Und da saß sie mit Handschellen gefesselt auf dem Boden, atmete gegen die Fußleiste und sie kühlten mit ihren zerrissenen Mänteln ab, und sie sagte nur: „Mrs. Lirriper, es tut mir wie immer leid, dass ich dich berührt habe, denn du bist ein freundliches, mütterliches altes Ding", und es ließ mich denken, dass ich mir oft gewünscht hatte, tatsächlich eine Mutter gewesen zu sein, und wie sich mein Herz gefühlt hätte, wenn ich es gewesen wäre Mutter dieses Mädchens! Nun, wissen Sie, es stellte sich im Polizeibüro heraus, dass sie es schon einmal getan hatte, und sie hatte ihre Kleidung verloren und wurde ins Gefängnis geschickt, und als sie herauskommen sollte, trottete ich am Abend mit nur einem Bissen zum Tor In meinem kleinen Körbchen gab es eine Portion Gelee, um ihr ein bisschen Kraft zu geben, sich wieder der Welt zu stellen, und dort traf ich eine sehr anständige Mutter, die in schlechter Gesellschaft auf ihren Sohn wartete, und eine störrische Mutter, deren Stiefeletten nicht geschnürt waren . Also kam Caroline heraus und ich sagte: „Caroline, komm mit mir und setz dich unter die Mauer, wo sie zurückgezogen ist, und iss eine kleine Kleinigkeit, die ich mitgebracht habe, um dir Gutes zu tun", und sie wirft ihre Arme um meinen Hals und sagt schluchzend „Oh, warum warst du nie Mutter, wenn es doch solche Mütter gibt!" sagt sie, und eine halbe Minute später fängt sie an zu lachen und sagt: „Habe ich deine Mütze wirklich in Stücke gerissen?" und als ich ihr sagte: „Das hast du auf jeden Fall getan, Caroline", lachte sie erneut und sagte, während sie mein Gesicht tätschelte: „Warum trägst du dann so seltsame alte Mützen, du liebes altes Ding?" Wenn du nicht so seltsame alte Mützen getragen hättest, hätte ich es wohl auch damals nicht getan." Lust auf das Mädchen! Nichts konnte ihr entlocken, was sie vorhatte, außer O, sie würde es gut genug machen, und wir trennten uns, sie war sehr dankbar und küsste meine Hände, und ich habe dieses Mädchen nie mehr gesehen oder gehört, außer dass ich immer glauben werde, dass a Die sehr vornehme Mütze, die mir eines Samstagabends anonym in einem Korb aus Ölzeug von einem höchst unverschämten jungen Affensperling gebracht wurde, der mit schmutzigen Schuhen auf den sauberen Stufen pfiff und mit einem Reifenstock auf dem Airy-Geländer Harfe spielte, kam von Caroline.

Was Sie, meine Liebe, in Bezug auf die Art und Weise, in der Sie in das Beherbergungsgewerbe   einsteigen,   zum   Gegenstand   liebloser

Verdächtigungen machen, fehlen mir die Worte, aber ich war nie so unehrenhaft , dass ich zwei Schlüssel hatte, und würde auch nicht bereitwillig darüber nachdenken Es geht sogar darum, dass Miss Wozenham weiter unten auf der anderen Seite des Weges aufrichtig hofft, dass es nicht so sein wird, obwohl zweifellos gleichzeitig Geld nicht aus dem Nichts kommen kann und es keinen Grund zu der Annahme gibt, dass Bradshaws es aus Liebe investiert hat, sei sie auch noch so schmuddelig wie es auch sein mag. Es *ist* eine Härte, die die Gefühle verletzt, dass Untermieter ihren Geist so weit für die Idee öffnen, dass Sie versuchen, sie zu überwältigen, und ihren Geist so nah an der Idee verschließen, dass sie versuchen, Sie zu überwältigen, aber wie Major Jackman sagt zu mir: „Ich kenne die Wege dieser zirkulären Welt, Frau Lirriper , und das ist einer von ihnen überall ." Und viele davon sind die kleinen Unruhen in meinem Kopf, die der Major geglättet hat, denn er ist ein kluger Mann der viel gesehen hat. Lieber Schatz , dreizehn Jahre sind vergangen, obwohl es so aussieht, aber seit ich gestern an einem Abend im August mit aufgesetzter Brille am offenen Wohnzimmerfenster saß (die Salons waren damals leer) und die gestrige Zeitung las, waren meine Augen für die Druckqualität schlecht, obwohl ich es immer noch bin Ich bin dankbar, aus der Ferne sagen zu können, dass ich höre, wie ein Herr in schrecklicher Wut über die Straße und die Straße hinaufpostet, wütend mit sich selbst redet und jemanden beschimpft und beschimpft . „Bei George!" sagt er laut und umklammert seinen Spazierstock: „Ich gehe zu Frau Lirriper . Welches ist Mrs. Lirriper ?" Dann schaut er sich um und als er mich sieht, schwenkt er seinen Hut vom Kopf, als wäre ich die Königin, und sagt: „Entschuldigen Sie die Störung, meine Dame, aber bitte, meine Dame, können Sie mir sagen, in welcher Hausnummer in dieser Straße ein bekannter Herr wohnt?" und hochgeschätzte Dame namens Lirriper ?" Etwas nervös, obwohl ich sagen muss, dass ich zufrieden war, nahm ich meine Brille ab und sagte höflich : „Sir, Mrs. Lirriper ist Ihre bescheidene Dienerin." "Erstaunlich!" sagt er. „Eine Million Verzeihung! Madame, darf ich Sie um die Freundlichkeit bitten, einem Ihrer Hausangestellten die Anweisung zu geben, einem Herrn namens Jackman, der auf der Suche nach einer Wohnung ist, die Tür zu öffnen?" Ich hatte den Namen noch nie gehört, aber ich hoffe nie, einen höflicheren Herrn zu sehen, denn er sagt: „Madam, ich bin schockiert darüber, dass Sie selbst die Tür zu keinem würdigeren Kerl als Jemmy Jackman geöffnet haben. Nach Ihnen, Frau. Ich gehe nie einer Dame voraus." Dann kommt er in die Salons , schnüffelt und sagt: „Hah! Das sind Salons ! „Keine muffigen Schränke", sagt er, „sondern Stuben und kein Geruch nach Kohlensäcken." Nun, mein Lieber, nachdem jemand, der der ganzen Nachbarschaft feindlich gesinnt ist, die Bemerkung gemacht hat , dass es immer nach Kohlensäcken riecht, was für die Untermieter ein Nachteil sein könnte, wenn man sie ermutigt, sage ich dem Major sanft, aber bestimmt, dass ich denke, dass er sich auf Arundel oder

Surrey bezieht oder Howard, aber nicht Norfolk. „Madam", sagt er, „ich beziehe mich auf Wozenhams weiter unten am Weg – Madam, Sie können sich keine Vorstellung davon machen, was Wozenhams ist – Madam, es ist ein riesiger Kohlensack, und Miss Wozenham hat die Prinzipien und Manieren einer Schwerarbeiterin – Madam von." Aus der Art und Weise, wie sie Sie erwähnt hat, weiß ich, dass sie keine Wertschätzung für eine Dame hat, und aus der Art und Weise, wie sie sich mir gegenüber verhalten hat, weiß ich, dass sie keine Wertschätzung für einen Gentleman hat – Madam, mein Name ist Jackman – sollten Sie das auch tun Ich benötige eine andere Referenz als die, die ich bereits gesagt habe. Ich nenne die Bank of England – vielleicht kennen Sie sie!" Dies war der Anfang, als der Major die Salons besetzte , und von dieser Stunde bis heute war er derselbe und äußerst zuvorkommende und in jeder Hinsicht pünktliche Untermieter, mit Ausnahme eines Unregelmäßigen, den ich nicht näher zu beschreiben brauche, der aber dadurch wettgemacht wurde, dass er überhaupt ein Beschützer war Mal war er bereit, die Papiere des Steuer- und Geschworenengerichts auszufüllen und so weiter, und einmal schnappte er sich einen jungen Mann mit der Salonuhr unter seinem Mantel, und einmal löschte er mit eigenen Händen und Decken auf der Brüstung den Küchenschornstein und danach Als er der Vorladung beiwohnte, hielt er vor den Richtern eine äußerst beredte Rede gegen die Gemeinde und rettete die Lokomotive, und er war immer ein ganz Gentleman, wenn auch leidenschaftlich. Und ganz gewiss geschah das Zurückhalten der Koffer und des Regenschirms durch Miss Wozenham nicht im liberalen Sinne, auch wenn es vielleicht ihren gesetzlichen Rechten entsprach oder eine Handlung war, zu der *ich* mich selbst herabgelassen hätte, da der Major so sehr ein Gentleman ist, obwohl er alles andere als groß ist Er scheint fast so zu sein, wenn er die Hemdrüsche offen hat, seinen Gehrock an und seinen Hut mit der geschweiften Krempe, und in welchem Dienst er stand, kann ich Ihnen nicht genau sagen, ob er in der Miliz oder im Ausland war, denn ich habe ihn noch nie gehört nannte sich Major, aber immer einfach „Jemmy Jackman", und als er einmal kurz nach seiner Ankunft kam, hielt ich es für meine Pflicht, ihn wissen zu lassen, dass Miss Wozenham klargestellt hatte, dass er kein Major sei, und ich nahm mir die Freiheit hinzuzufügen: „Was Sie sind." Seine Worte lauteten: „Madam, jedenfalls bin ich nicht minderjährig, und für den Tag reicht das Übel", was nicht als heilige Wahrheit geleugnet werden kann, ebenso wenig wie seine militärische Art, seine Stiefel nur mit dem Dreck zu bürsten Er wird ihm jeden Morgen auf einem sauberen Teller ins Wohnzimmer gebracht und mit einem kleinen Schwamm, einer Untertasse und einer flüsternden Pfeife selbst lackiert, so sicher wie immer, dass sein Frühstück beendet ist, und so ordentlich in seinen Manieren, dass es ihn niemals beschmutzt Leinen, das gewissenhaft ist, wenn auch mehr in der Qualität als in der Quantität, weder das noch seine Schnurrbärte, die meines

Erachtens gleichzeitig gemacht wurden und die so schwarz und glänzend sind wie seine Stiefel, und sein Haarschopf ist von einem schönen Weiß.

Es war fast das dritte Jahr, seit der Major an jenem frühen Februarmorgen, als das Parlament tagte, in den Salons war, und man kann daher annehmen, dass eine Reihe von Betrügern bereit waren, alles an sich zu reißen, was sie kriegen konnten, a Ein Herr und eine Dame vom Land kamen herein, um sich das Zweite anzusehen, und ich erinnere mich noch gut daran, dass ich aus dem Fenster geschaut und beobachtet hatte, wie sie und der schwere Schneeregen gemeinsam die Straße hinunterfuhren und nach Geldscheinen suchten. Ich mochte das Gesicht des Herrn nicht ganz, obwohl er auch gut aussah, aber die Dame war ein sehr hübsches junges Ding und zart, und es kam ihr zu grob vor, überhaupt draußen zu sein, obwohl sie nur aus dem Adelphi stammte Das Hotel wäre bei milderem Wetter kaum weiter als eine Viertelmeile entfernt gewesen . Nun geschah es, meine Liebe, dass ich gezwungen war, wöchentlich fünf Schilling zusätzlich auf den zweiten zu legen, weil ich einen Verlust erlitten hatte, weil ich in voller Kleidung weggelaufen war, als ginge ich zu einer Dinnerparty, was sehr kunstvoll war und mich ziemlich attraktiv gemacht hatte Es war verdächtig, es zusammen mit dem Parlament zu übernehmen, und als der Herr vorschlug, drei Monate sicher zu sein und das Geld im Voraus zu zahlen und den Urlaub dann zu den gleichen Bedingungen um weitere sechs Monate zu verlängern, sagte ich, ich sei mir nicht ganz sicher, aber ich hätte mich vielleicht dazu verpflichten können eine andere Partei würde aber die Treppe hinuntergehen und hineinschauen, wenn sie Platz nehmen würde. Sie nahmen Platz und ich ging zum Türgriff des Majors, den ich bereits zu konsultieren begonnen hatte, und empfand es als einen großen Segen, und an seinem flüsternden Pfiff erkannte ich, dass er seine Stiefel lackierte, was jedoch allgemein als privat galt Er ruft freundlich: „Wenn Sie es sind, Madam, kommen Sie herein“, und ich ging hinein und sagte es ihm.

„Nun, Madam“, sagt der Major und reibt sich die Nase – was ich in diesem Moment mit dem schwarzen Schwamm befürchtet hatte, aber es war nur sein Knöchel, da er immer sauber und geschickt mit den Fingern umging – „ nun, Madam, das würde ich wohl tun.“ Sei froh über das Geld?“

Ich war vorsichtig, zu laut „Ja“ zu sagen, denn ein wenig zusätzliche Farbe stieg in die Wangen des Majors und es gab Unregelmäßigkeiten, die ich in einem Viertel, das ich nicht nennen möchte, nicht näher erläutern möchte.

„Ich bin der Meinung, Madam“, sagt der Major, „dass Sie es nehmen sollten, wenn das Geld für Sie bereit ist – wenn es für Sie bereit ist, Mrs. Lirriper .“ Was spricht dagegen, meine Dame, in diesem Fall oben?“

„Ich kann wirklich nicht sagen, dass etwas dagegen spricht, Sir, trotzdem dachte ich, ich würde Sie konsultieren.“

„Sie sagten, ein frisch verheiratetes Paar, glaube ich, Madam?", sagt der Major.

Ich sagte : „Ja-ja. Offensichtlich. Und tatsächlich erwähnte die junge Dame mir gegenüber beiläufig, dass sie noch nicht viele Monate verheiratet sei."

Der Major rieb sich noch einmal die Nase, rührte den Lack mit seinem Schwammstück in der kleinen Untertasse um und begann ein paar Augenblicke lang flüsternd zu pfeifen. Dann sagte er: „Sie würden es ein Good Let nennen, Madam?"

„Oh, sicherlich ein guter Urlaub, Sir."

„Nehmen wir an, sie verlängern um weitere sechs Monate. Würde es Sie sehr beunruhigen, Madam, wenn – wenn das Schlimmste zum Schlimmsten käme?", sagte der Major.

„ Nun, ich weiß es kaum", sage ich zum Major. „Es hängt von den Umständen ab. Würden *Sie* zum Beispiel Einwände erheben, Sir?"

"ICH?" sagt der Major. "Objekt? Jemmy Jackman? Frau Lirriper schließt sich dem Vorschlag an."

Also ging ich nach oben und akzeptierte es, und sie kamen am nächsten Tag, einem Samstag, an, und der Major war so freundlich, in schöner, runder Handschrift und mit Ausdrücken, die für mich gleichermaßen juristisch und militärisch klangen, ein Memorandum über eine Vereinbarung zu verfassen Mr. Edson unterschrieb es am Montagmorgen und der Major besuchte Mr. Edson am Dienstag und Mr. Edson besuchte den Major am Mittwoch und am Zweiten, und die Salons waren so freundlich, wie man es sich nur wünschen konnte.

Die bezahlten drei Monate waren abgelaufen und wir hatten keine neuen Annäherungsversuche bezüglich der Zahlung im Mai gemacht, meine Liebe, als Mr. Edson die Verpflichtung erhielt, eine Geschäftsexpedition quer über die Isle of Man zu unternehmen, was völlig unerwartet kam Dieses hübsche kleine Ding ist meiner Meinung nach kein Ort, der zu jeder Zeit irgendwo hinführt, aber das mag Ansichtssache sein. Die Ankündigung war so kurz, dass er am nächsten Tag gehen sollte, und sie weinte schrecklich, die arme Hübsche, und ich bin sicher, ich weinte auch, als ich sie auf dem kalten Bürgersteig im scharfen Ostwind sah – es war ein sehr rückständiger Frühling in diesem Jahr – verabschiedete sich ein letztes Mal von ihm, während ihr hübsches, helles Haar hin und her wehte, ihre Arme sich um seinen Hals legten und er sagte: „Da, da Dort . Jetzt lass mich gehen, Peggy." Und zu diesem Zeitpunkt war klar, dass das, was der Major so entgegenkommend gesagt hatte, dass er nichts dagegen hätte, im Haus passieren würde, auch darin passieren würde, und ich sagte es ihr, als er weg war, während ich sie mit meinem Arm tröstete die Treppe hinauf, denn ich sage: „Du wirst bald andere haben, die für meine Hübsche sorgen, und daran musst du denken."

Sein Brief kam nie, als er hätte kommen sollen, und was sie Morgen für Morgen durchmachte, als der Postbote keinen für sie brachte, der Postbote selbst zeigte Mitleid, als sie zur Tür hinunterlief, und doch können wir uns nicht darüber wundern, dass er darauf abzielte, den Brief abzustumpfen Ich habe das Gefühl, all die Mühe zu haben, die mit den Briefen anderer Leute einhergeht, und nichts von dem Vergnügen, und das öfter im Schlamm und im Schnee zu tun als nicht und zu einem Lohnsatz, der eher Little Britain als Great Britain ähnelt. Doch eines Morgens, als es ihr zu schlecht ging, um die Treppe herunterzulaufen, sagte er zu mir mit einem erfreuten Gesichtsausdruck, der mich dazu brachte, den Mann in seinem Uniformmantel zu lieben, obwohl er tropfnass war: „Ich habe dich zuerst genommen." Heute Morgen war ich auf der Straße, Mrs. Lirriper , denn hier ist das für Mrs. Edson." Ich ging damit so schnell ich konnte in ihr Schlafzimmer, und sie setzte sich im Bett auf, als sie es sah, küsste es und riss es auf, und dann traf sie ein ausdrucksloser Blick. „Es ist sehr kurz!" sagt sie und richtet ihre großen Augen auf mein Gesicht. „O Frau Lirriper, es ist sehr kurz!" Ich sage: „Meine liebe Frau Edson, das liegt zweifellos daran, dass Ihr Mann zu diesem Zeitpunkt keine Zeit hatte, mehr zu schreiben." „Kein Zweifel, kein Zweifel", sagt sie, legt ihre beiden Hände auf ihr Gesicht und dreht sich in ihrem Bett um.

Ich schloss sie sanft ein, schlich die Treppe hinunter und klopfte an die Tür des Majors, und als der Major, der seine dünnen Speckscheiben in seinem Schmortopf hatte, mich sah , stand er von seinem Stuhl auf und setzte mich auf das Sofa. "Stille!" sagt er: „Ich sehe, dass etwas nicht stimmt. Sprich nicht – nimm dir Zeit." Ich sage: „O Major, ich fürchte, oben wird grausam gearbeitet." „Ja, ja ", sagt er, „ich hatte schon Angst davor – nimm dir Zeit." Und dann, im Gegensatz zu seinen eigenen Worten, tobt er furchtbar und sagt: „Ich werde es mir nie verzeihen, meine Dame, dass ich, Jemmy Jackman, an diesem Morgen nicht alles gesehen habe – nicht direkt nach oben gegangen bin, als mein Stiefel …" Der Schwamm war in meiner Hand – ich habe ihn nicht mit Gewalt in seine Kehle gesteckt – und ihn damit auf der Stelle erwürgt!"

Der Major und ich waren uns einig, als wir zu uns kamen, dass wir im Moment nichts weiter tun konnten, als uns anzunehmen, nichts zu ahnen und unser Bestes zu geben, um dieses arme junge Geschöpf zum Schweigen zu bringen, und was ich jemals ohne den Major hätte tun sollen, als es passierte Unter den Orgelmännern ist nicht bekannt, dass Ruhe unser Ziel war, denn er führte Löwen- und Tigerkrieg gegen sie in einem solchen Ausmaß, dass ich, ohne es zu sehen, nicht hätte glauben können, dass es in einem Gentleman steckte, eine solche Ausbruchskraft zu haben Feuereisen,

Spazierstöcke, Wasserkrüge, Kohlen, Kartoffeln von seinem Tisch, sogar der Hut von seinem Kopf, und gleichzeitig so wütend auf fremde Sprachen, dass sie mit halb umgedrehten Griffen dastanden wie der schlafende Hässliche – denn ich kann nicht Sag Schönheit.

Den Postboten jemals in die Nähe des Hauses kommen zu sehen, hat mich jetzt so beunruhigt, dass ich fürchte, es war eine Gnadenfrist, als er vorbeikam, aber nach weiteren zehn Tagen oder zwei Wochen sagt er wieder: „Hier ist eine für Mrs. Edson. Ist sie hübsch? " Also?" „Sie ist eine ziemlich gute Postbotin, aber nicht so gut, dass sie so früh aufstehen kann wie früher", was bisher der Wahrheit entsprach.

Ich trug den Brief dem Major beim Frühstück und sagte schwankend: „Major, ich habe nicht den Mut, ihn zu ihr zu bringen."

„Das ist ein schlecht aussehender Bösewicht von einem Brief", sagt der Major.

„Ich habe nicht den Mut, Major", sage ich noch einmal zitternd, „es zu ihr hinaufzutragen."

Nachdem er eine Weile nachdenklich schien, sagt der Major und hebt den Kopf, als wäre ihm etwas Neues und Nützliches in den Sinn gekommen: „Mrs. Lirriper , ich werde es mir nie verzeihen, dass ich, Jemmy Jackman, an jenem Morgen, als ich meinen Stiefelschwamm in der Hand hatte, nicht direkt die Treppe hinaufgegangen bin – und ihn ihm in die Kehle gedrückt habe – und ihn damit erstickt habe."

„Major", sage ich ein wenig voreilig, „Sie haben es nicht getan, was ein Segen ist, denn es hätte nichts genützt, und ich denke, Ihr Schwamm wäre besser für Ihre eigenen ehrenwerten Stiefel geeignet."

Also mussten wir rational sein und planten, dass ich an ihre Schlafzimmertür klopfen und den Brief draußen auf die Matte legen und auf dem oberen Treppenabsatz warten sollte, was passieren könnte, und nie waren Schießpulver, Kanonenkugeln, Granaten oder Raketen so gefürchtet wie Dieser schreckliche Brief war bei mir, als ich ihn in den zweiten Stock brachte.

Einen Moment, nachdem sie es geöffnet hatte, ertönte ein schrecklich lauter Schrei durch das Haus, und ich fand sie auf dem Boden liegend, als ob ihr Leben verschwunden wäre. Meine Liebe, ich habe nie auf die Vorderseite des Briefes geschaut, der offen neben ihr lag, denn dafür gab es keinen Anlass.

Alles, was ich brauchte, um sie zu sich zu bringen, brachte der Major mit seinen eigenen Händen mit, abgesehen davon, dass ich in die Apotheke lief, um etwas zu holen, was nicht im Haus war, und dass ich ebenfalls die heftigsten aller seiner vielen Scharmützel mit einem Musikinstrument hatte, das einen Ballsaal darstellte, den ich mache Ich weiß nicht, in welchem Land und in welcher Gesellschaft sie mit rollenden Augen an Falttüren ein- und ausgehen. Als ich sie nach langer Zeit wieder zu sich kommen sah, rutschte ich auf dem Treppenabsatz aus, bis ich sie weinen hörte, und dann ging ich hinein und sagte fröhlich: „Mrs. „Edson, dir geht es nicht gut, meine Liebe, und das ist kein Wunder", als wäre ich noch nie da gewesen. Ob sie glaubte oder nicht, kann ich nicht sagen, und es würde auch nichts bedeuten, wenn ich könnte, aber ich blieb stundenlang bei ihr, und dann segnete mich Gott immer! und sagt, sie werde versuchen, sich auszuruhen, denn ihr Kopf sei schlecht.

„Major", flüstere ich und schaue in die Salons , „ich bitte und bete, dass Sie nicht ausgehen."

Der Major flüstert: „Madam, vertrauen Sie mir, ich werde so etwas nicht tun. Wie geht es ihr?"

Ich sage : „Major, der gute Gott über uns, weiß nur, was in ihrem armen Geist brennt und tobt." Ich ließ sie an ihrem Fenster sitzen. Ich werde bei mir sitzen."

Es kam am Nachmittag und es kam am Abend. Norfolk ist eine entzückende Straße zum Übernachten – vorausgesetzt, man geht nicht weiter hinunter –, aber an einem Sommerabend, an dem Staub und Altpapier darin liegen und streunende Kinder darin spielen und sich eine Art düstere Ruhe und Hitze darauf ausbreitet und in der Nachbarschaft ertönt das Läuten von Kirchenglocken, es ist ein wenig langweilig, und seitdem habe ich es nie wieder zu einer solchen Zeit gesehen, und ich werde es nie wieder zu einer solchen Zeit sehen, ohne den trüben Juniabend zu sehen, als dieser verlassene Junge Die Kreatur saß an ihrem offenen Eckfenster am zweiten und ich an meinem offenen Eckfenster (der anderen Ecke) am dritten. Etwas Barmherziges, etwas Weiseres und Besseres als ich selbst, hatte mich bewegt, als es noch hell war, in meiner Haube und meinem Schal zu sitzen, und als die Schatten fielen und die Flut stieg, konnte ich manchmal – wenn ich meinen Kopf herausstreckte und schaute an ihrem Fenster unten – sehen Sie, dass sie sich ein wenig hinauslehnte und die Straße hinunterblickte. Es war gerade dunkel, als ich *sie* auf der Straße sah.

Ich hatte solche Angst, sie aus den Augen zu verlieren, dass mir fast der Atem stockt, während ich davon erzähle. Ich lief die Treppe schneller hinunter, als ich mich jemals in meinem ganzen Leben bewegt hatte, und klopfte nur mit der Hand an die Tür des Majors, als ich daran vorbeiging und hinausschlich. Sie war schon weg. Mit derselben Geschwindigkeit lief ich die Straße hinunter, und als ich an die Ecke der Howard Street kam , sah ich, dass sie um diese Ecke abgebogen war und deutlich vor mir in Richtung Westen ging. Oh, mit welch dankbarem Herzen sah ich sie weitergehen!

Sie kannte London überhaupt nicht und war nur selten länger als zum Lüften in unserer Straße gewesen, wo sie zwei oder drei kleine Kinder von Nachbarn kannte und manchmal zwischen ihnen auf der Straße gestanden und auf das Wasser geschaut hatte. Ich wusste, dass sie auf gefährliche Weise unterwegs sein musste, trotzdem hielt sie sich ganz korrekt an die Nebenstraßen, solange sie ihr dienen konnten, und bog dann in den Strand ein. Aber an jeder Ecke konnte ich sehen, wie sie den Kopf in eine Richtung drehte, und diese Richtung war immer die Flussrichtung.

Vielleicht war es nur die Dunkelheit und Stille der Adelphi, die sie dazu veranlasste, hineinzuschlagen, aber sie schlug genauso bereitwillig hinein, als ob sie sich auf den Weg dorthin gemacht hätte, was vielleicht auch der Fall war. Sie ging geradewegs zur Terrasse hinunter und daran entlang und schaute über das Eisengeländer, und oft wachte ich danach in meinem eigenen Bett mit dem Entsetzen auf, sie das tun zu sehen. Die Verlassenheit des Kais unten und das dort fließende Hochwasser schienen ihr Ziel zu erreichen. Sie blickte sich um, als ob sie den Weg nach unten erkennen wollte, und sie schlug den richtigen oder den falschen Weg ein – ich weiß nicht, welchen, denn ich kenne den Ort vorher oder nachher nicht – und ich folgte ihr so, wie sie es tat ging.

Es fiel auf, dass sie die ganze Zeit über kein einziges Mal zurückblickte. Aber es gab jetzt eine große Veränderung in der Art und Weise, wie sie ging, und anstatt mit vor ihr verschränkten Armen in gleichmäßigem, schnellem Schritt zu gehen, ging sie wild mit weit ausgebreiteten Armen zwischen den dunklen, düsteren Bögen hindurch, als ob Es waren Flügel und sie flog in den Tod.

Wir waren am Kai und sie blieb stehen. Ich hörte auf. Ich sah ihre Hände an den Bändern ihrer Haube, und ich stürmte zwischen ihr und dem Rand hindurch und umfasste sie mit beiden Armen um die Taille. Sie hätte mich vielleicht ertränkt, dachte ich damals, aber sie hätte nie von mir loskommen können.

Bis zu diesem Moment befand sich mein Geist in einem Labyrinth und ich hatte keine Ahnung, was ich ihr sagen sollte, aber in dem Moment, in dem ich sie berührte, kam es zu mir wie von Zauberhand und ich hatte meine natürliche Stimme und meine Sinne und sogar fast mein Atem.

"Frau. Edson!" Ich sage : „Meine Liebe! Aufpassen. Wie konnte es passieren, dass Sie sich verirrten und über einen gefährlichen Ort wie diesen stolperten? Warum Sie durch die verwirrendsten Straßen Londons hierher gekommen sein müssen. Kein Wunder, dass du verloren bist, da bin ich mir sicher. Und dieser Ort auch! Warum ich dachte, niemand wäre jemals hierher gekommen, außer mir, um meine Kohlen zu holen, und dem Major in den Salons , um seine Zigarre zu rauchen!" – denn ich sah diesen gesegneten Mann in der Nähe, der es tat.

„Hah-hah-hm!" hustet der Major.

„Und mein Gott", sage ich , „warum ist er hier?"

„ Hallo ! Wer geht dahin?" sagt der Major militärisch.

"Also!" Ich sage : „Wenn das nicht alles übertrifft!" Kennen Sie uns nicht, Major Jackman?"

„ Hallo !" sagt der Major. „Wer ruft Jemmy Jackman an?" (Und er war noch außer Atem und fühlte sich weniger lebensecht an, als ich erwartet hätte.)

„Warum ist hier Mrs. Edson Major?", sage ich, „die hinausschlendert, um ihren armen Kopf abzukühlen, der sehr schlecht war, den Weg verfehlt hat und sich verirrt hat, und Gott weiß, wo sie hingekommen wäre, wenn ich nicht hierher gekommen wäre, um sie fallen zu lassen Bestelle es in den Briefkasten meines Kohlenhändlers und du kommst hierher, um deine Zigarre zu rauchen! – Und es geht dir wirklich nicht gut genug, meine Liebe", sage ich zu ihr, „um ohne mich halb so weit von zu Hause weg zu sein. Und Ihr Arm wird sicher sehr akzeptabel sein, Major", sage ich zu ihm, „und ich weiß, dass sie sich so schwer darauf stützen kann, wie sie möchte." Und jetzt hatten wir beide – Gott sei Dank ! – einen auf jeder Seite.

Sie zitterte ganz vor Kälte und so blieb es, bis ich sie auf ihr eigenes Bett legte, und bis zum frühen Morgen hielt sie meine Hand und stöhnte und stöhnte: „Oh Böse, Böse, Böse!" Aber als ich endlich versuchte, den Kopf zu senken und von totem Schlaf überwältigt zu werden, hörte ich, wie das arme junge Geschöpf so rührend und demütig dafür dankte , dass es in seinem Wahnsinn davor bewahrt wurde, sich das Leben zu nehmen, dass ich dachte, ich hätte weinen sollen Ich blickte auf die Bettdecke und wusste, dass sie in Sicherheit war.

Da es mir gut genug ging und ich es mir leisten konnte, schmiedeten ich und der Major unsere kleinen Pläne am nächsten Tag, während sie erschöpft schlief, und so sage ich zu ihr, sobald ich es gut machen konnte:

"Frau. Edson, mein Lieber, als Mr. Edson mir die Miete für diese weiteren sechs Monate bezahlte –"

Sie zuckte zusammen und ich spürte, wie ihre großen Augen mich ansahen, aber ich machte weiter und mit meinen Handarbeiten.

„–Ich kann nicht ganz sicher sein, dass ich die Quittung richtig datiert habe. Könntest du es mir ansehen?"

Sie legte ihre eiskalte Hand auf meine und schaute durch mich hindurch, als ich gezwungen war, von meiner Handarbeit aufzuschauen, aber ich hatte vorsichtshalber meine Brille aufgesetzt.

„Ich habe keine Quittung", sagt sie.

"Ah! Dann hat er es", sage ich nachlässig. „Es hat keine große Konsequenz. Eine Quittung ist eine Quittung."

Von da an hielt sie immer meine Hand fest, wenn ich sie entbehren konnte, was im Allgemeinen nur dann der Fall war, wenn ich ihr vorlas, denn natürlich hatten sie und ich unsere Handarbeiten zu erledigen, und keiner von uns war mit diesen kleinen Dingen besonders geschickt , obwohl ich auch immer noch ziemlich stolz auf meinen Anteil daran bin. Und obwohl sie alles mochte, was ich ihr vorlas, dachte ich immer, dass sie neben dem, was auf dem Berg gelehrt wurde, vor allem sein sanftes Mitgefühl für uns arme Frauen und sein junges Leben und den Stolz seiner Mutter mochte Ihn und bewahrte seine Worte in ihrem Herzen. Sie hatte einen dankbaren Ausdruck in ihren Augen, der niemals niemals war Ich werde nie von mir weg sein, bis sie in meinem letzten Schlaf geschlossen sind, und wenn ich sie zufällig ansah, ohne darüber nachzudenken, begegnete ich immer diesem Blick, und sie bot mir oft ihre zitternde Lippe zum Küssen an, viel eher wie ein Ich kann mir kaum vorstellen, dass ich ein kleines, liebevolles, halb gebrochenes Kind als erwachsenen Menschen empfinde.

Einmal war das Zittern dieser armen Lippe so stark und ihre Tränen liefen so schnell herunter, dass ich dachte, sie würde mir ihr ganzes Leid erzählen, also nehme ich ihre beiden Hände in meine und sage:

„ Nein , meine Liebe, nicht jetzt, du solltest es jetzt besser nicht versuchen. Warten Sie auf bessere Zeiten, wenn Sie das überwunden haben und stark sind, und dann sagen Sie mir, was Sie wollen. Soll es vereinbart werden?"

Während unsere Hände immer noch verbunden waren, nickte sie viele Male mit dem Kopf, hob meine Hände und legte sie an ihre Lippen und an ihre Brust. „Nur noch ein Wort, meine Liebe", sage ich . "Ist da jemand?"

Sie sah fragend „Irgendjemand?"

„Zu dem ich gehen kann?"

Sie schüttelte den Kopf.

„Niemand, den ich mitbringen kann?"

Sie schüttelte den Kopf.

„Niemand wird von *mir gewollt* , meine Liebe. Nun kann man das als Vergangenheit und Vergangenheit betrachten."

Nicht viel mehr als eine Woche später – denn die Zeit, in der wir so zusammen waren, war schon lange her – beugte ich mich an ihr Bett, mein Ohr an ihre Lippen, und lauschte abwechselnd auf ihren Atem und auf ein

Lebenszeichen in ihrem Gesicht. Schließlich kam es auf feierliche Weise – nicht blitzschnell, sondern wie eine Art blasses, schwaches Licht, das ganz langsam auf das Gesicht fällt .

Sie sagte etwas zu mir, das keinen Ton enthielt, aber ich sah, dass sie mich fragte:

„Ist das der Tod?"

Und ich sage :

„Armer, lieber armer Schatz, ich denke, das ist es."

Da ich irgendwie wusste, dass sie wollte, dass ich ihre schwache rechte Hand bewege, nahm ich sie, legte sie auf ihre Brust und faltete dann ihre andere Hand darauf, und sie betete ein gutes, gutes Gebet, und ich schloss mich dem Arm an, obwohl es keine Worte gab gesprochen. Dann holte ich das Baby in seinen Wickeln von dort, wo es lag, und ich sage:

„Meine Liebe, das wird an eine kinderlose alte Frau geschickt. Darum muss ich mich kümmern."

Die zitternde Lippe wurde zum letzten Mal zu meinem Gesicht geführt und ich küsste sie innig.

„ Ja, mein Lieber", sage ich. "Bitte Gott! Ich und der Major."

Ich weiß nicht, wie ich es richtig sagen soll, aber ich sah, wie ihre Seele heller wurde und aufsprang, wie sie sich befreite und mit einem dankbaren Blick davonflog.

* * * * *

Das ist also der Grund und Grund, weshalb es dazu kam, meine Liebe, dass wir ihn Jemmy nannten , nach dem Major sein eigener Pate, mit Lirriper als Nachnamen nach mir, und noch nie war ein liebes Kind eine so erhellende Sache in einer Unterkunft oder So ein Spielgefährte seiner Großmutter wie Jemmy für dieses Haus und mich, und immer gut und aufmerksam, was man ihm sagte (im Großen und Ganzen) und das Gemüt beruhigte und alles angenehmer machte, außer wenn er alt genug war, seine Mütze in Wozenham's Airy fallen zu lassen und sie wollten es ihm nicht aushändigen, und da ich in einen schlechten Zustand versetzt wurde, setzte ich mit dem Kind in der Hand meine beste Haube, Handschuhe und Sonnenschirm auf und sagte: „Miss Wozenham, ich hätte kaum gedacht, dass ich jemals Ihr Haus betreten hätte, aber es sei denn Die Mütze meines Enkels wird sofort wiederhergestellt. Die Gesetze dieses Landes, die das Eigentum des Untertanen regeln, werden letztendlich zwischen Ihnen und mir entscheiden, koste es, was es wolle." Mit einem höhnischen Grinsen im Gesicht, das mir, wie ich sagen muss, so vorkam, als würde es zwei Schlüssel zum Ausdruck bringen, aber es könnte ein Fehler gewesen sein, und wenn irgendwelche Zweifel bestehen, lassen Sie Miss Wozenham den vollen Nutzen daraus ziehen, wie es nur richtig ist, sie klingelte und sie sagt: „Jane, hängt in unserem Airy die alte Mütze eines Straßenkindes?" Ich sage: „Miss Wozenham, bevor Ihr Hausmädchen diese Frage beantwortet, müssen Sie mir erlauben, Ihnen ins Gesicht zu sagen, dass mein Enkel *kein* Straßenkind ist und *nicht* die Angewohnheit hat, alte Mützen zu tragen." In der Tat ", sage ich „Miss Wozenham, ich bin mir bei weitem nicht sicher, ob die Mütze meines Enkels nicht neuer ist als Ihre eigene", was in mir völlig wild war, da ihre Spitze die häufigste maschinell hergestellte war, gewaschen und außerdem zerrissen, aber ich hatte es geschafft in einen Zustand, der zunächst von Unverschämtheit geschürt wurde. Miss Wozenham sagt rot im Gesicht: „Jane, Sie haben meine Frage gehört, gibt es in unserem Airy eine Kindermütze?" „Ja, Ma'am", sagt Jane, „ich glaube, ich habe dort so einen Müll liegen sehen." „Dann", sagt Miss Wozenham , „lassen Sie diese Besucher raus und werfen Sie dann diesen wertlosen Artikel aus meinen Räumlichkeiten." Aber hier runzelt das Kind, das Miss Wozenham mit all seinen Augen und noch mehr angestarrt hatte , die Stirn, spitzt die kleinen Augenbrauen, spitzt den kleinen Mund, spreizt seine pummeligen Beine weit auseinander und dreht seine kleinen, mit Grübchen versehenen Fäuste langsam übereinander wie einen kleinen Kaffee -Mühle und sagt zu ihr: „Oo, ich möchte meine Oma, ich tu es oder hallo!" "Ö!" sagt Miss Wozenham und blickt verächtlich auf den Mite herab. „Das ist doch kein Straßenkind, nicht wahr?" Wirklich!" Ich breche in Gelächter aus und sage: „Miss Wozenham, wenn das kein schöner Anblick für Sie ist, beneide ich Sie nicht um Ihre Gefühle und wünsche Ihnen einen guten Tag." Jemmy Komm mit Oma." Und ich war immer noch in bester Laune, obwohl seine Mütze auf die Straße flog, als wäre sie gerade aus dem Wasserhahn gerissen worden, und ich den ganzen Weg lachend nach Hause ging, alles dank diesem lieben Jungen.

Jemmy in der Dämmerung zwischen den Lichtern zurückgelegt haben, sind nicht zu berechnen, Jemmy fährt auf dem Kutschbock, dem messingbeschlagenen Schreibtisch des Majors auf dem Tisch, ich drinnen im Wagen -Stuhl und der Major Guard hinten mit einer Hupe aus braunem Papier machen das wirklich wunderbar. Ich versichere Ihnen, mein Lieber, dass ich manchmal, wenn ich ein paar Mal an meinem Platz in der Kutsche gezwinkert habe und durch das blinkende Licht des Feuers halb wach geworden bin , dieses kostbare Haustier fahren und den Major gehört habe, der hinter ihm in die Luft jagte, um das Wechselgeld zu bekommen Als wir am Gasthaus ankamen und die Pferde bereitstanden, glaubte ich fast, dass wir uns auf der alten Nordstraße befanden, die mein armer Lirriper so gut kannte. Wenn man dann sieht, wie das Kind und der Major beide eingepackt sind, um sich die Füße zu wärmen, herumstampfen und Gläser Bier aus den Streichholzschachteln auf dem Kaminsims trinken, bedeutet das, dass der

Major es ebenso sehr genießt wie das Kind I Ich bin mir ganz sicher, und es ist jedem Theaterstück ebenbürtig, wenn Coachee die Kutschentür öffnet, um zu mir hereinzuschauen und zu sagen: „Wer hat das schon geschafft? – , Verängstigte alte Dame ?‘"

Aber was meine unaussprechlichen Gefühle waren, als wir dieses Kind verloren, kann nur mit denen des Majors verglichen werden, die keine Spur besser waren, da er mit fünf Jahren und elf Uhr vormittags verirrt war und nie durch ein Wort, ein Zeichen oder etwas davon gehört hatte Die Tat dauerte bis halb neun Uhr nachts, als der Major zum Herausgeber der Zeitung *„Times" gegangen war*, um eine Anzeige aufzugeben, die am nächsten Tag, vierundzwanzig Stunden nach seiner Entdeckung, erschien und die ich immer sorgfältig prüfen wollte Bewahre den ersten gedruckten Bericht über ihn in meiner Lavendelschublade auf. Je länger der Tag dauerte, desto mehr wurde ich abgelenkt, und auch der Major und wir beide wurden schlechter durch die gelassene Art der Polizei, obwohl sie sehr höflich und zuvorkommend war, und durch ihre Hartnäckigkeit, die sie, wie ich es nennen muss, nicht auf den Gedanken hegten, dass er gestohlen wurde . „Meistens finden wir Mum", sagt der Sergeant, der vorbeikam, um mich zu trösten, was er überhaupt nicht tat, und er war zu Carolines Zeiten einer der Privatpolizisten gewesen, auf die er sich in seinen einleitenden Worten bezog, als er sagte: „Nicht Gib der Unruhe in deinem Kopf Platz, Mama, es wird alles so gut kommen wie meine Nase, als ich das Gleiche von dieser jungen Frau in deinem zweiten Stock gebellt bekam", sagt dieser Sergeant. „Meistens finden wir Mama, weil die Leute noch nicht vorbei sind - darauf bedacht, etwas zu haben, was ich als gebrauchte Kinder bezeichnen würde. *Du wirst* ihn zurückbekommen, Mama." „Oh, mein lieber, guter Herr", sage ich , falte meine Hände, ringe sie und umklammere sie wieder, „er ist so ein ungewöhnliches Kind!" „Ja, Mama", sagt der Sergeant, „das finden wir meistens auch, Mama." Die Frage ist, was seine Kleidung wert war." „Seine Kleidung", sage ich, „war nicht viel wert, Sir, denn er hatte nur seine Spielkleidung an, aber das liebe Kind! – " „Alles klar, Mama", sagt der Sergeant. „Du wirst ihn zurückbekommen, Mama. Und selbst wenn er seine besten Klamotten anhatte, würde es nicht schlimmer kommen, als wenn man ihn zitternd in einem Kohlblatt eingewickelt in einer Gasse auffinden würde." Seine Worte durchbohrten mein Herz wie Dolche und Dolche, und der Major und ich rannten den ganzen Tag wie wilde Wesen ein und aus, bis der Major, der nachts von seinem Interview mit dem Herausgeber der *Times zurückkam* , hysterisch in mein kleines Zimmer stürzte und meine Hand drückte und wischt sich die Augen und sagt: „Freude, Freude – ein Beamter in Zivil kam auf die Stufen, als ich eintrat – fassen Sie Ihre Gefühle zusammen – Jemmy ist gefunden." Daraufhin fiel ich in Ohnmacht, und als ich wieder zu mir kam, umarmte ich die Beine des Beamten in Zivil, der in meinem kleinen Zimmer mit braunem Schnurrbart eine Art stille

Bestandsaufnahme des Anwesens in meinem kleinen Zimmer zu machen schien, und ich sagte: „Gott sei Dank!" Sie, Herr, wo ist der Liebling!" und er sagt: „Im Kennington Station House." Ich warf Stone zu seinen Füßen, als ich das Bild dieser Unschuld in Zellen mit Mördern sah, als er hinzufügte: „Er folgte dem Affen." Ich sage es als Slangsprache: „O mein Herr, erklären Sie einer liebevollen Großmutter, was für ein Affe!" Er sagt: „Er mit der Paillettenmütze und dem Riemen unter dem Kinn, der nicht weitermachen will – er, der auf einem runden Tisch die Kreuze fegt und seinen Säbel nicht mehr ziehen will, als er kann." Dann verstand ich alles und bedankte mich sehr dankbar, und ich fuhr mit dem Major und ihm nach Kennington, und dort fanden wir unseren Jungen ganz bequem vor einem lodernden Feuer liegend, nachdem er sich sanft auf einer kleinen Ziehharmonika, nicht einmal so groß, in den Schlaf gespielt hatte ein Bügeleisen, das sie ihm freundlicherweise für diesen Zweck geliehen hatten und das offenbar bei einem sehr jungen Menschen angehalten worden war.

Meine Liebe, das System, mit dem der Major begann und, wie ich sagen darf, Jemmys Gelehrsamkeit perfektionierte, als er so klein war, dass man, wenn die Liebe auf der anderen Seite des Tisches saß, darunter statt darüber schauen musste, um ihn mit dem seiner Mutter zu sehen Sein eigenes helles Haar in wunderschönen Locken ist eine Sache, die dem Thron und den Lords and Commons bekannt sein sollte und die ihm dann eine Beförderung zum Major verschaffen könnte, die er wohl verdient, und die (im Gespräch unter Freunden) LSD- technisch nicht schlechter wäre . Als der Major seine Ausbildung zum ersten Mal begann , sagte er zu mir:

„Ich gehe, Madam", sagt er, „um unser Kind zu einem berechnenden Jungen zu machen."

„Major", sage ich , „Sie machen mir Angst und können dem Haustier eine bleibende Verletzung zufügen, die Sie sich selbst nie verzeihen würden."

„Madam", sagt der Major, „abgesehen von meinem Bedauern, dass ich diesen Schurken nicht sofort damit erstickt habe, als ich meinen Stiefelschwamm in der Hand hatte –"

"Dort! Um Himmels willen", unterbreche ich ihn, „möge sein Gewissen ihn ohne Schwämme finden."

„… ich sage, neben diesem Bedauern, Madam", sagt der Major, „wäre das Bedauern, mit dem meine Brust", auf das er klopfte, „überströmt würde, wenn dieser feine Geist nicht früh entwickelt würde." Aber markieren Sie mich, meine Dame", sagt der Major und hält seinen Zeigefinger hoch, „kultiviert nach einem Prinzip, das es zu einem Vergnügen machen wird."

Appetit verliert, weiß, dass es seine Berechnungen sind, und ihnen innerhalb von zwei Minuten ein Ende setzen werde. Oder wenn ich feststelle, dass sie ihm an den Kopf steigen", sage ich, „oder ihm kalt in den Magen schlagen oder dass seine Beine fast schlaff werden, wird das Ergebnis dasselbe sein, aber Major, Sie sind ein kluger Mann und haben viel und viel gesehen." Sie lieben das Kind und sind sein eigener Pate, und wenn Sie sich trauen, es zu versuchen, versuchen Sie es."

„Gesprochen, Madam", sagt der Major, „wie Emma Lirriper . Alles, was ich bitten muss, meine Dame, ist, dass Sie meinem Patensohn und mir die Vorbereitungen für eine oder zwei Wochen überlassen, um Sie zu überraschen, und dass Sie mir die Erlaubnis geben, alle kleinen Gegenstände, die ich möglicherweise nicht wirklich benutze, auf und ab zu halten aus der Küche verlangen."

„Aus der Küche, Major?" Ich sage, halb habe ich das Gefühl, als hätte er Lust, das Kind zu kochen.

„Aus der Küche", sagt der Major, lächelt und schwillt an und sieht gleichzeitig größer aus.

Also gab ich mein Wort weiter, und der Major und der liebe Junge waren für eine gewisse Zeit jeweils eine halbe Stunde lang eingesperrt, und ich konnte nie etwas zwischen ihnen hören, außer reden und lachen und Jemmy, der in die Hände klatschte und schrie Zahlen, also sage ich mir: „Es hat ihm noch nicht geschadet", und bei der Untersuchung des Schatzes konnte ich auch nirgendwo an ihm Anzeichen dafür finden, was ebenfalls eine große Erleichterung war. Eines Tages bringt mir Jemmy schließlich scherzhaft eine Karte mit der hübschen Aufschrift des Majors: „Die Herren Jemmy Jackman ", denn wir hatten ihm auch den anderen Namen des Majors gegeben Heute Abend um fünf, Militärzeit, um Zeuge einiger kleiner Meisterleistungen der Grundrechenarten zu werden." Und wenn Sie mir glauben, saß der Major pünktlich um fünf Uhr im Wohnzimmer hinter dem Pembroke-Tisch, mit beiden Blättern nach oben und vielen Dingen aus der Küche, die ordentlich auf alten Zeitungen darauf verteilt waren, und da war der Milbe, der auf einem Stuhl stand, seine rosigen Wangen waren gerötet und seine Augen funkelten voller Diamanten.

„Nun, Oma", sagt er, „ Meisen Sie sich und berühren Sie diese Leute nicht " – denn er sah bei jedem einzelnen seiner Diamanten, dass ich ihn drücken würde.

„Sehr gut, Sir", sage ich, „ich bin in dieser guten Gesellschaft gehorsam , da bin ich mir sicher." Und ich setze mich in den Sessel, der für mich aufgestellt wurde, und schüttele meine Seiten.

Aber stellen Sie sich meine Bewunderung vor, wenn der Major fast so schnell vorgeht, als würde er heraufbeschwören, alle Gegenstände, die er aufzählt, aufstellt und sagt: „Drei Kochtöpfe, ein italienisches Bügeleisen, eine

Handglocke, eine Röstgabel, eine Muskatnussreibe, vier Topfdeckel, eine Gewürzdose, zwei Eierbecher und ein Schneidebrett – wie viele?" Und als dieser Mite sofort schreit: „ Tifteen , leg dich hin und trage dein Toppin - Board" und dann in die Hände klatscht, zieht er seine Beine an und tanzt auf seinem Stuhl.

Mein Lieber, mit der gleichen erstaunlichen Leichtigkeit und Korrektheit zählten er und der Major die Tische , Stühle und Sofas , die Bilderrahmen , die Kaminsimse und die Kaminöfen zusammen, ich und die Katze und die Augen in Miss Wozenhams Kopf, und wann immer die Summe fertig war, Young Roses and Diamonds klatscht in die Hände, zieht die Beine an und tanzt auf seinem Stuhl.

Der Stolz des Majors! („ *Hier ist* ein Verstand, Ma'am!", sagt er hinter der Hand zu mir.)

Dann sagt er laut: „Wir kommen nun zur nächsten Grundregel – die heißt – "

„ Umtraktion !" schreit Jemmy .

„Richtig", sagt der Major. „Wir haben hier eine Toastgabel, eine Kartoffel in ihrem natürlichen Zustand, zwei Topfdeckel, einen Eierbecher, einen Holzlöffel und zwei Spieße, von denen man für kommerzielle Zwecke einen Sprottenrost, eine kleine Gurke, abtrennen muss." -Glas, zwei Zitronen, eine Pfefferstreuer, eine Krabbenfalle und ein Knauf der Kommode – was bleibt übrig?"

„ Toatin -Gabel!" schreit Jemmy .

„In Zahlen, wie viele?" sagt der Major.

"Eins!" schreit Jemmy .

(„ *Hier ist* ein Junge, Ma'am!", sagt der Major hinter der Hand zu mir.) Dann fährt der Major fort:

„Wir nähern uns nun der nächsten Grundregel, die den Titel trägt:"

„ Kitzelication ", ruft Jemmy .

„Richtig", sagt der Major.

Aber meine Liebe, ich möchte Ihnen im Detail erzählen, wie sie vierzehn Stück Brennholz mit zwei Stücken Ingwer und einer Spicknadel multiplizierten oder alles andere, was auf dem Tisch lag, durch den Ofen des italienischen Bügeleisens und eine Kammer ziemlich genau aufteilten Kerzenhalter und eine Zitrone drüber, würde mir wie damals den Kopf verdrehen. Also sage ich: „Entschuldigen Sie, dass ich mich an den Vorsitzenden, Professor Jackman, wende. Ich denke, die Zeit der Vorlesung ist jetzt gekommen, in der es notwendig wird, diesen jungen Gelehrten in die Arme zu nehmen." Daraufhin ruft Jemmy von seinem Platz auf dem Stuhl aus: „ Oma, öffne unsere Arme, und ich werde einen Sprung in sie machen ." Also öffnete ich meine Arme für ihn, so wie ich mein trauriges Herz geöffnet hatte, als seine arme junge Mutter im Sterben lag, und er sprang auf und wir umarmten uns lange, und der Major, stolzer als jeder Pfau, sagt hinter seiner Hand zu mir: „Sie müssen es ihm nicht sagen, meine Dame" (was ich sicherlich nicht brauche, denn der Major war deutlich hörbar), „aber er *ist* ein Junge!"

Auf diese Weise wuchs Jemmy und wuchs und ging zur Tagesschule und blieb auch unter dem Major, und im Sommer waren wir so glücklich, wie die Tage lang waren, und im Winter waren wir so glücklich, wie die Tage kurz waren und es schien, als gäbe es Ruhe Ein Segen für die Unterkunft, denn sie haben sich so gut wie gelassen und hätten es getan, wenn es die doppelte Unterkunft gegeben hätte, als ich gegen meinen Willen wund und hart war, sage ich eines Tages zum Major.

„ Major , Sie wissen, was ich Ihnen sagen werde. Unser Junge muss ins Internat gehen."

Es war ein trauriger Anblick, den Gesichtsausdruck des Majors zu sehen, und ich bedauerte die gute Seele von ganzem Herzen.

„Ja, Major", sage ich , „obwohl er bei den Untermietern genauso beliebt ist wie Sie selbst, und obwohl er für Sie und mich das ist, was nur Sie und ich wissen, liegt es dennoch im Lauf der Dinge und das Leben besteht aus Abschieden und wir müssen uns von unserem Haustier trennen."

So kühn ich auch sprach, ich sah zwei Majore und ein halbes Dutzend Kamine, und als der arme Major einen seiner hübschen, hell lackierten Stiefel auf den Kotflügel legte, seinen Ellbogen auf sein Knie und seinen Kopf auf seine Hand legte und sich hin und her wiegte wenig hin und her , ich war furchtbar zerschnitten.

„Aber", sage ich und räuspere mich, „Sie haben ihn so gut vorbereitet, Major – er hat in Ihnen einen solchen Tutor gehabt –, dass ihm die erste Plackerei erspart bleibt. Und außerdem ist er so schlau, dass er es bald in die vorderste Reihe schaffen wird."

„Er ist ein Junge", sagt der Major schnüffelnd , „ der seinesgleichen auf der ganzen Welt sucht."

„Es stimmt, wie Sie sagen, Major, und es steht uns nicht nur in unserem eigenen Interesse zu, irgendetwas zu tun, um ihn davon abzuhalten, überall, wo er hingeht, ein Ansehen und eine Zierde zu sein und vielleicht sogar zu einem großen Mann aufzusteigen, nicht wahr, Major? Er wird alle meine kleinen Ersparnisse haben, wenn meine Arbeit erledigt ist (was für mich die ganze Welt ist), und wir müssen versuchen, ihn zu einem weisen und guten Mann zu machen, nicht wahr, Major?"

„Madam", sagt der Major und erhebt sich. „ Jemmy Jackman wird älter, als mir bewusst war, und Sie haben ihn beschämt." Da haben Sie völlig Recht, meine Dame. Sie haben einfach und unbestreitbar recht. – Und wenn Sie mich entschuldigen würden, ich mache einen Spaziergang."

Da der Major ausgegangen war und Jemmy zu Hause war, brachte ich das Kind in mein kleines Zimmer hier und stellte es neben meinen Stuhl, nahm die Locken seiner Mutter in meine Hand und sprach liebevoll und ernst mit ihm. Und als ich den Liebling daran erinnert hatte, dass er jetzt in seinem zehnten Jahr war, und als ich ihm gesagt hatte, dass er im Leben so weit kommt, wie ich es dem Major gesagt hatte, sagte ich ihm, dass wir denselben Abschied haben müssen , und dort musste ich anhalten, denn da sah ich plötzlich die wohlbekannte Lippe mit ihrem Zittern, und es brachte diese Zeit so zurück! Aber mit dem Mut, der in ihm war, beherrschte er es bald und er sagt ernst und unter Tränen nickend: „Ich verstehe, Oma – ich weiß, dass es so sein *muss* , Oma – mach weiter, Oma, hab keine Angst vor *mir* ." Und als ich alles gesagt hatte, was mir einfiel, drehte er sein strahlendes, ruhiges Gesicht zu mir und sagte hier und da ein wenig gebrochen: „Du wirst sehen, Oma, dass ich ein Mann sein kann und dass ich alles tun kann, was ist." dankbar und liebevoll zu dir – und wenn ich nicht zu dem heranwächst, was du gerne hättest, dann hoffe ich, dass es so sein wird – denn ich werde sterben." Und damit setzte er sich neben mich und ich erzählte ihm weiter von der Schule, von der ich ausgezeichnete Empfehlungen hatte und wo sie war und wie viele Schüler und welche Spiele sie spielten, wie ich gehört hatte, und wie lange die Ferien für alle waren dem er hell und klar zuhörte. Und so kam es, dass er schließlich sagte: „Und nun, liebe Oma, lass mich hier niederknien, wo ich immer meine Gebete gesprochen habe, und lass mich für eine Minute mein Gesicht in deinem Kleid verschränken und lass mich weinen, denn du warst es." mehr als der Vater – mehr als die Mutter – mehr als Brüder, Schwestern, Freunde – für mich!" Und so weinte er und ich auch, und es ging uns beiden viel besser.

Von da an stand er zu seinem Wort und war immer fröhlich und bereit, und selbst als ich und der Major ihn nach Lincolnshire mitnahmen, war er bei weitem der Fröhlichste der Gruppe, obwohl er das mit Sicherheit leicht hätte sein können, aber er Das war wirklich so und erweckte uns erst zum letzten Mal zum Leben. Zum Abschied sagt er mit wehmütigem Blick: „Du würdest mich nicht wirklich bedauern, oder Oma?" und wenn ich sage: „Nein, mein Gott, bewahre es!" er sagt: „Das freut mich!" und rannte außer Sichtweite hinein.

Aber jetzt, da das Kind die Unterkunft verlassen hatte, verfiel der Major in einen regelmäßigen Trübsalzustand. Allen Mietern wurde aufgefallen, dass der Major Moped fuhr. Er wirkte nicht einmal mehr so groß wie früher , und wenn er seine Stiefel auch nur mit einem einzigen Schimmer des Interesses lackierte, dann war das nicht mehr der Fall.

Eines Abends kam der Major in mein kleines Zimmer, um eine Tasse Tee und ein Stück Buttertoast zu sich zu nehmen und Jemmys neuesten Brief zu lesen, der an diesem Nachmittag angekommen war (vom selben Postboten, der jetzt mehr als mittelalt am Beat war), und Als der Brief ihn ein wenig aufrichtet, sage ich zum Major:

„Major, Sie dürfen nicht in Trübsal geraten.“

Der Major schüttelte den Kopf. „ Jemmy Jackman Madam“, sagt er mit einem tiefen Seufzer, „ist eine ältere Akte, als ich dachte.“

„Trübsäen ist nicht der Weg, jünger zu werden, Major.“

„Meine liebe Frau“, sagt der Major, „gibt es *eine* Möglichkeit, jünger zu werden?“

Da ich das Gefühl hatte, dass der Major das Beste aus diesem Punkt herausholte, wandte ich mich einem anderen zu.

"13 Jahre! 13 Jahre! Viele Mieter sind in den dreizehn Jahren, in denen Sie in den Salons gelebt haben, gekommen und gegangen, Major.“

„Hah!“ sagt die große Erwärmung. „Viele , meine Dame , viele.“

„Und ich sollte sagen, Sie kennen sie alle?“

„In der Regel (mit Ausnahmen wie allen Regeln), meine liebe Frau“, sagt der Major, „haben sie mich mit ihrer Bekanntschaft und nicht selten mit ihrem Vertrauen geehrt .“

Ich beobachtete den Major, wie er seinen weißen Kopf senkte , seinen schwarzen Schnurrbart streichelte und wieder Trübsal fuhr, ein Gedanke, von dem ich glaube, dass er irgendwo auf der Suche nach einem Besitzer war, fiel mir in den Kopf, wenn Sie den Gesichtsausdruck entschuldigen.

„Die Wände meiner Unterkunft“, sage ich beiläufig – meine Liebe, es nützt nichts, direkt auf einen Mann zuzugehen, der Trübsal zeigt – „ könnten etwas zu erzählen haben, wenn sie es sagen könnten.“

Der Major bewegte sich nicht und sagte auch nichts, aber ich sah, dass er mit seinen Schultern zuhörte, meine Liebe – mit seinen Schultern zuhörte, was ich sagte. Tatsächlich sah ich , dass seine Schultern davon getroffen wurden.

„Der liebe Junge mochte immer Märchenbücher", fuhr ich fort, als würde ich mit mir selbst reden. „Ich bin mir sicher, dass dieses Haus – sein eigenes Zuhause – eines Tages die eine oder andere Geschichte für seine Lektüre schreiben wird."

Die Schultern des Majors neigten sich und krümmten sich, und sein Kopf im Hemdkragen hob sich. Der Kopf des Majors ragte in seinem Hemdkragen hoch, wie ich ihn seit Jemmys Schulzeit nicht mehr gehoben hatte.

„Es steht außer Frage, dass ich in den Pausen von Cribbage und einem freundlichen Gummi, meine liebe Frau", sagt der Major, „und auch über das, was man in meiner Jugend – in den Salattagen von Jemmy Jackman – das gesellige Glas nannte, …" Ich habe viele Erinnerungen mit Ihren Untermietern ausgetauscht.

kunstvollsten Absicht gemacht – „ Ich wünschte, unser lieber Junge hätte sie gehört!"

„Ist das Ihr Ernst, Frau?" fragte der Major, der auffuhr und sich ganz umdrehte.

„Warum nicht Major?"

„Madam", sagt der Major und schlägt eine seiner Manschetten hoch, „sie sollen für ihn geschrieben werden."

"Ah! Jetzt sprichst du", sage ich und klatsche erfreut in die Hände. „Jetzt sind Sie dem Trübsal nicht mehr aus dem Weg gegangen, Major!"

„Zwischen diesem und meinen Ferien – ich meine die des lieben Jungen", sagt der Major und schlägt seinen anderen Ärmel hoch, „kann noch einiges getan werden."

„Major, Sie sind ein kluger Mann und haben viel gesehen, und daran besteht kein Zweifel."

„Ich fange an", sagt der Major, der so groß aussieht wie immer, „morgen."

Mein Lieber, der Major war in drei Tagen ein anderer Mann, und in einer Woche war er wieder er selbst, und er schrieb und schrieb und schrieb, wobei seine Feder wie Ratten hinter der Täfelung kratzte, und ob er viele Gründe hatte, auf die er sich berufen konnte, oder ob er überhaupt einen hatte Romantik kann ich dir nicht sagen, aber was er geschrieben hat, befindet sich im linken Glasschrank des kleinen Bücherregals dicht hinter dir.

KAPITEL II
Wie die Salons ein paar Worte hinzufügten

Ich habe die Ehre , mich mit dem Namen Jackman vorzustellen. Ich halte es für ein stolzes Privileg, der Nachwelt durch die Hilfe des bemerkenswertesten Jungen, der je gelebt hat – mit dem Namen JEMMY JACKMAN LIRRIPER – und meiner würdigsten und am höchsten respektierten Freundin, Mrs. Emma Lirriper , zu verdanken 81, Norfolk Street, Strand, in der Grafschaft Middlesex, im Vereinigten Königreich Großbritannien und Irland.

Es steht mir nicht zu, die Begeisterung zum Ausdruck zu bringen, mit der wir diesen lieben und überaus bemerkenswerten Jungen anlässlich seiner ersten Weihnachtsferien empfingen. Es genügt zu bemerken, dass Mrs. Lirriper und ich ihn rührend umarmten , als er mit zwei großartigen Preisen (Arithmetik und Vorbildliches Verhalten) ins Haus geflogen kam, und ihn sofort zum Theaterstück mitnahmen, wo wir alle drei bewundernswert unterhalten wurden.

Es ist auch keine Hommage an die Tugenden der Besten ihres guten und geehrten Geschlechts – die ich aus Rücksicht auf ihren bescheidenen Wert hier nur mit den Initialen EL bezeichnen werde –, dass ich diese Aufzeichnung dem Bündel von Papieren beifüge, mit dem ich sie füge Unser in höchstem Maße bemerkenswerter Junge hat seine Freude zum Ausdruck gebracht, bevor er ihn wieder in den linken Glasschrank von Mrs. Lirripers kleinem Bücherregal zurückstellte.

Es geht auch nicht darum, den Namen des alten, ursprünglichen, überholten, obskuren Jemmy Jackman hervorzuheben, der einst (zu seiner Erniedrigung) Wozenhams und lange (bis zu seiner Erhebung) Lirripers Familie gehörte . Wenn ich mir dieses Stücks schlechten Geschmacks bewusst schuldig machen könnte, wäre das in der Tat eine Übertreibung, da der Name jetzt von JEMMY JACKMAN LIRRIPER getragen wird.

Nein, ich greife zu meiner bescheidenen Feder, um eine kleine Aufzeichnung unseres auffallend bemerkenswerten Jungen zu registrieren, die meiner schwachen Begabung zufolge ein angenehmes kleines Bild der Seele des lieben Jungen darstellt. Das Bild könnte für ihn selbst interessant sein, wenn er ein Mann ist.

Unser erster wiedervereinter Weihnachtstag war der schönste, den wir je zusammen verbracht haben. Jemmy schwieg nie fünf Minuten lang, außer zur Kirchenzeit. Er redete, während wir am Feuer saßen, er redete, wenn wir spazieren gingen, er redete, als wir wieder am Feuer saßen, er redete ununterbrochen beim Abendessen, obwohl er ein Abendessen fast so bemerkenswert machte wie er selbst. Es war die Quelle des Glücks, das in seinem frischen, jungen Herzen floss und floss, und es befruchtete (wenn ich eine so kühne Aussage erlauben darf) meinen hochgeschätzten Freund und JJ, den Autor des vorliegenden Buches.

Wir waren nur zu dritt. Wir aßen im kleinen Zimmer meines geschätzten Freundes und unsere Unterhaltung war perfekt. Aber alles in der Einrichtung ist in Sauberkeit, Ordnung und Komfort immer perfekt. Nach dem Abendessen schlüpfte unser Junge zu seinem alten Hocker neben dem Knie meines geschätzten Freundes, und dort, mit seinen heißen Kastanien und seinem Glas braunem Sherry (wirklich ein ausgezeichneter Wein!) auf einem Stuhl als Tisch, überstrahlte sein Gesicht die Äpfel in der Schüssel.

Wir sprachen über diese Notizen von mir, die Jemmy inzwischen durchgelesen hatte; Und so kam es, dass meine geschätzte Freundin, während sie da saß und Jemmys Locken glättete, bemerkte:

„Und da du auch zu diesem Haus gehörst, Jemmy , und so viel mehr als die Untermieter, da du darin geboren wurdest, sollte deine Geschichte, denke ich, eines Tages zu den anderen hinzugefügt werden.“

Da funkelten Jemmys Augen und er sagte: „Das denke *ich* , Oma.“

Dann saß er da und blickte auf das Feuer, und dann begann er in einer Art Vertrauen in das Feuer zu lachen, und dann sagte er, verschränkte seine Arme auf dem Schoß meiner geschätzten Freundin und hob sein strahlendes Gesicht zu ihrem. „Möchtest du die Geschichte eines Jungen hören, Oma?“

„Ausgerechnet“, antwortete mein geschätzter Freund.

„Würdest du, Pate?“

„Ausgerechnet“, antwortete auch ich.

„Na dann“, sagte Jemmy , „ich verrate dir eins.“

Hier umarmte sich unser unbestreitbar bemerkenswerter Junge und lachte erneut musikalisch über die Vorstellung, dass er in dieser neuen Zeile herauskommen würde. Dann schenkte er dem Feuer noch einmal die gleiche Zuversicht wie zuvor und begann:

„Es war einmal, als Schweine Wein tranken und Affen Tabak kauten. Das war weder zu deiner noch meiner Zeit, aber das ist kein Scherz —“

"Segne das Kind!" rief mein geschätzter Freund, „Was ist mit seinem Gehirn los?“

„Das ist Poesie, Oma“, antwortete Jemmy und schrie vor Lachen. „In der Schule beginnen wir Geschichten immer so.“

„Hat mir eine ganz schöne Wendung gegeben, Major", sagte meine geschätzte Freundin und fächelte sich mit einem Teller Luft zu. „Ich dachte, er wäre benommen!"

„In diesen bemerkenswerten Zeiten, Oma und Pate, gab es einmal einen Jungen – nicht ich, wissen Sie."

„Nein, nein", sagt mein geschätzter Freund, „nicht du. Nicht er, Major, verstehen Sie?"

„Nein, nein", sage ich.

Rutlandshire zur Schule –"

„Warum nicht Lincolnshire?" sagt mein geschätzter Freund.

„Warum nicht, du liebe alte Oma? Weil *ich* in Lincolnshire zur Schule gehe, nicht wahr?"

„Ah, natürlich!" sagt mein geschätzter Freund. „Und es ist nicht Jemmy , verstehen Sie, Major?"

„Nein, nein", sage ich.

"Also!" Unser Junge fuhr fort, umarmte sich bequem und lachte fröhlich (wieder im Vertrauen zum Feuer), bevor er erneut in Mrs. Lirripers Gesicht blickte, „und so war er überaus verliebt in die Tochter seines Schulmeisters, und sie war die Schönste Geschöpf, das man je gesehen hat, und sie hatte braune Augen, und sie hatte braunes Haar, das sich wunderschön kräuselte, und sie hatte eine köstliche Stimme, und sie war insgesamt köstlich, und ihr Name war Seraphina."

„Wie heißt die Tochter *deines* Schulmeisters, Jemmy ?" fragt mein geschätzter Freund.

„Polly!" antwortete Jemmy und zeigte mit dem Zeigefinger auf sie. "Jetzt dort! Hab dich gefangen! Hahaha!"

Als er und mein geschätzter Freund zusammen gelacht und sich umarmt hatten, fuhr unser zugegebenermaßen bemerkenswerter Junge mit großer Freude fort:

"Also! Und so liebte er sie. Und so dachte er an sie und träumte von ihr und machte ihr Geschenke aus Orangen und Nüssen und hätte ihr Geschenke aus Perlen und Diamanten gemacht, wenn er es sich von seinem Taschengeld hätte leisten können, aber er konnte nicht. Und so war ihr Vater – O, er war ein Tatar! Die Jungs auf dem Laufenden zu halten, einmal im Monat Prüfungen abzuhalten, zu allen möglichen Zeiten Vorträge über alle möglichen Themen zu halten und alles auf der Welt aus Büchern zu wissen. Und so dieser Junge –"

„Hatte er einen Namen?" fragt mein geschätzter Freund.

„Nein, das hatte er nicht, Oma. Ha, ha! Jetzt dort! Habe dich wieder erwischt!"

Danach lachten sie noch einmal und umarmten sich noch einmal, und dann ging unser Junge weiter.

"Also! Und so hatte dieser Junge einen Freund, der ungefähr so alt war wie er, auf derselben Schule, und sein Name (denn er *hatte* zufällig einen Namen) war – ich erinnere mich daran – Bobbo."

„Nicht Bob", sagt mein geschätzter Freund.

„Natürlich nicht", sagt Jemmy . „Warum hast du das gedacht, Oma? Also! Und so war dieser Freund der klügste und mutigste und schönste und großzügigste aller Freunde, die es je gab, und so war er in Seraphinas Schwester verliebt, und so war Seraphinas Schwester in ihn verliebt, und so wuchsen sie alle auf ."

"Segne uns!" sagt mein geschätzter Freund. „Sie waren sehr plötzlich dabei."

„ So sind sie alle erwachsen geworden", wiederholte unser Junge und lachte herzlich, „und Bobbo und dieser Junge zogen zusammen zu Pferd fort, um ihr Glück zu suchen, und sie bekamen ihre Pferde teilweise durch Gunst , teilweise durch einen Handel; das heißt, sie hatten zwischen sich sieben und vier Pence gespart, und die beiden Pferde, die Araber waren, waren mehr wert, nur der Mann sagte, er würde das nehmen, um sie zu begünstigen . Also! Und so machten sie ihr Vermögen und tänzelten zurück zur Schule, die Taschen voller Gold, genug für die Ewigkeit . Und so läuteten sie an der Eltern- und Besucherklingel (nicht am Hintertor), und als auf die Glocke geantwortet wurde, verkündeten sie: „Das Gleiche, als ob es Scharlach wäre!" „Jeder Junge geht auf unbestimmte Zeit nach Hause!" Und dann gab es ein großes Hurra, und dann küssten sie Seraphina und ihre Schwester, jeder seine eigene Liebe und auf keinen Fall die des anderen, und dann befahlen sie, den Tataren sofort einzusperren."

"Armer Mann!" sagte mein geschätzter Freund.

„In die sofortige Entbindung, Oma", wiederholte Jemmy , versuchte ernst zu wirken und brüllte vor Lachen; „Und er sollte nichts zu essen haben als das Abendessen der Jungen, und er sollte jeden Tag ein halbes Fass von ihrem Bier trinken. Und dann wurden die Vorbereitungen für die beiden Hochzeiten getroffen, und es gab Körbe, Töpfe, Süßigkeiten, Nüsse, Briefmarken und alles Mögliche. Und so waren sie so fröhlich, dass sie den Tataren rausließen, und er war auch fröhlich."

„Ich bin froh, dass sie ihn rausgelassen haben", sagt mein geschätzter Freund, „denn er hat nur seine Pflicht getan."

„Oh, aber hatte er es doch nicht übertrieben!" rief Jemmy . "Also! Und dann bestieg dieser Junge sein Pferd, mit seiner Braut im Arm, und galoppierte davon und galoppierte immer weiter, bis er an einen bestimmten Ort kam, wo er eine bestimmte Oma und einen bestimmten Paten hatte – nicht euch beide, wisst ihr ."

„Nein, nein", sagten wir beide.

„Und dort wurde er mit großer Freude empfangen, und er füllte den Schrank und das Bücherregal mit Gold und überschüttete es seiner Großmutter und seinem Paten, weil sie die beiden freundlichsten und liebsten Menschen waren, die jemals auf dieser Welt gelebt haben. Und während sie bis zu den Knien in Gold gehüllt saßen, hörte man ein Klopfen an der Straßentür, und wer sollte es sein außer Bobbo, ebenfalls zu Pferd mit seiner Braut im Arm, und was war er gekommen, um zu sagen, außer dass er würde (zum doppelten Mietpreis) alle Unterkünfte für immer nehmen , die dieser Junge, diese Oma und dieser Pate nicht brauchten, und dass sie alle zusammen leben und alle glücklich sein würden! Und so waren sie auch, und so endete es nie!"

„Und gab es keinen Streit?" fragte meine geschätzte Freundin, als Jemmy auf ihrem Schoß saß und sie umarmte.

"NEIN! Niemand hat jemals gestritten ."

„Und ist das Geld nie dahingeschmolzen?"

"NEIN! Niemand könnte jemals alles ausgeben."

„Und ist keiner von ihnen jemals älter geworden?"

"NEIN! Danach wurde niemand mehr älter."

„Und ist keiner von ihnen jemals gestorben?"

„O, nein, nein, nein, Oma!" rief unser lieber Junge, legte seine Wange auf ihre Brust und zog sie näher an sich. „Niemand ist jemals gestorben."

„Ah, Major, Major!" sagt mein geschätzter Freund und lächelt mich gütig an, „das übertrifft unsere Geschichten." Lassen Sie uns mit der Geschichte des Jungen enden, Major, denn die Geschichte des Jungen ist die beste, die jemals erzählt wurde!"

Um dieser Bitte seitens der besten Frauen nachzukommen, habe ich sie hier so getreu notiert, wie es meine besten Fähigkeiten, gepaart mit meinen besten Absichten, zuließen, und habe sie mit meinem Namen unterschrieben.

J. JACKMAN.
Die Salons.MRS. LIRRIPER'S UNTERKÜNFTE.